Alma Flor Ada • F. Isabel Campoy

Pasos

de

Rita Moreno

Fernando Botero

Evelyn Cisneros

Ilustrado por Isaac Hernández, Ricardo Radosh y Waldo Saavedra

ALFAGUARA

INFANTIL Y JUVENIL

Art Director: Felipe Dávalos
Design: Petra Ediciones
Editor: Norman Duarte

Santillana USA Publishing Company, Inc.
2105 NW 86th Avenue
Miami, FL 33122

Biography B: *Pasos*

ISBN: 1-58105-411-4

Printed in Mexico

ILLUSTRATORS
ISAAC HERNÁNDEZ, pp. 6-14
RICARDO RADOSH, pp. 16-22
WALDO SAAVEDRA, pp. 23-32

ACKNOWLEDGEMENTS

Page 7 / New York skyline, 1938. Copyright © AP / Wide World Photos.
Page 8 / New York, garment center, 1943. Copyright © AP / Wide World Photos.
Page 8 / New York, garment factory, 1947. Copyright © AP / Wide World Photos.
Page 9 / Rita Hayworth, 1952. Copyright © AP / Wide World Photos.
Page 10 / New York, Macy's. Provided by Photofest, New York.
Page 10 / New York, Macy's, 1947. Copyright © AP / Wide World Photos.
Page 11 / New York, Times Square, 1952. Copyright © AP / Wide World Photos.
Page 12 / Rita Moreno in *The King and I*. Provided by Photofest, New York.
Page 13 / *West Side Story* poster. Provided by Photofest, New York.
Page 14 / Rita Moreno with her Oscar for Best Supporting Actress in *West Side Story*, 1962. Copyright © AP / Wide World Photos.
Page 14 / Rita Moreno with her Emmy, 1978. Copyright © AP / Wide World Photos.
Page 15 / Fernando Botero, 1996. Copyright © Fernando Botero, courtesy of Marlborough Gallery, New York.
Page 17 / Fernando Botero, *Matador*, 1984. Copyright © Fernando Botero, courtesy of Marlborough Gallery, New York.
Page 17 / Fernando Botero, *Toro*, 1985. Copyright © Fernando Botero, courtesy of Marlborough Gallery, New York.
Page 18 / Diego Velázquez, *Doña Margarita de Austria*. Copyright © Museo del Prado, Madrid / All rights reserved.
Page 18 / Fernando Botero, *Princesa Margarita*, 1977. Copyright © Fernando Botero, courtesy of Marlborough Gallery, New York.
Page 19 / Museo del Prado, Madrid, Spain. Copyright © Walter Bibikow / The Viesti Collection.
Page 20 / Fernando Botero, *Mona Lisa*, 1977. Copyright © Fernando Botero, courtesy of Marlborough Gallery, New York.
Page 22 / Fernando Botero with one of his sculptures on the Champs Elysées, Paris, 1992. Copyright © Fernando Botero, courtesy of Marlborough Gallery, New York.
Page 24 / Ballet class, New York. Copyright © M. Granitsas / The Image Works, New York.
Page 25 / Paloma Herrera in *Coppelia*, American Ballet Theatre, 1997. Copyright © Jack Vartoogian, New York.
Page 26 / Ballet class. Copyright © H. Dratch / The Image Works, New York.
Page 28 / Flamenco Carlota Santana, 1997. Copyright © Jack Vartoogian, New York.
Page 29 / Museum of Modern Art, San Francisco. Copyright © Karen Preuss / The Image Works, New York.

Índice

A Tencha Amaro, desde el futuro.

FIC

A Elaine Marie, en la danza eterna.

AFA

Rita Moreno

Humacao, Puerto Rico.
Aquí la vida es alegre,
el sol, un amigo,
los colores,
azul y verde.
Aquí nació y vivió
su niñez Rosita
Dolores Alverio.

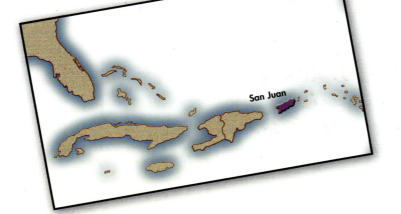

La isla de Puerto Rico
está en el Caribe.

La capital de Puerto Rico
es San Juan.

San Juan

Y a los cinco años
llegó a Nueva York.
¡Qué altos los edificios!
¡Cuántos carros!
¡Cuánta gente alrededor!

Muchos
puertorriqueños
llegaron a
Nueva York
en busca
de trabajo.

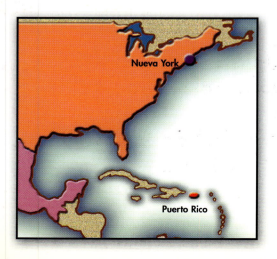

Puerto Rico y
Nueva York
son muy distintos.

Los puerto-
rriqueños
trabajaban
en fábricas
y en todo tipo
de servicios.

Tanto en Puerto Rico
como en Nueva York,
Rosita era alegre.
Le gustaba cantar y bailar.
Bailaba en las fiestas
familiares.

Muchas mujeres
puertorriqueñas
trabajaban como
costureras en las
fábricas de ropa.

La madre de Rosita
trabajaba en una
de estas fábricas.
Le pagaban muy poco.

Paco Cansino era un maestro de baile.
Era amigo de la madre de Rosita.

—Rosita tiene arte —le dijo.
—Me recuerda a mi sobrina Rita Hayworth.

La madre de Rosita admiraba a Rita
Hayworth, una famosa actriz de Hollywood.

Pronto, Rosita empezó a tomar clases de
baile con Cansino.

Rita Hayworth fue una famosa actriz de cine. Era latina, pero se cambió el nombre.

La tienda
Macy's,
de Nueva York,
tenía un gran
departamento
de juguetes.

Rosita cambió su nombre a Rita Moreno. Empezó a bailar de vez en cuando en el departamento de juguetes de la tienda Macy's, en Nueva York.

Rita caminaba por la calle Broadway.

Miraba con admiración los carteles
de los teatros, de los cines.

¿Cuándo podría ella actuar en Broadway?

La calle Broadway
tiene grandes teatros.
Sus luces de colores
alumbran la noche
de Nueva York.

**Rita viajó a Hollywood.
Trabajó en algunas películas.**

A los trece años la contrataron en un teatro.

Su vida estaba ya dedicada por completo a ser actriz.

Al principio, sus papeles eran de poca importancia.

Rita sabía que un día sería actriz en una película importante.

Y ese momento llegó cuando le ofrecieron actuar en *West Side Story*.

En esa película Rita actuó, cantó y bailó.

Fue un éxito muy grande.

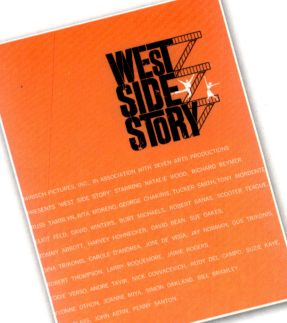

La película *West Side Story* (*Amor sin barreras*), fue un gran éxito.

Ganó diez Oscar. Uno de ellos para Rita Moreno.

Rita se siente feliz de ser la única actriz con todos los premios.

En 1962 recibió el Oscar por su actuación en *Amor sin barreras*.

Desde entonces no ha dejado de actuar.

Rita ganó el premio más importante del cine, el Oscar. Trabajó en televisión, y ganó el premio más importante de la televisión, el Emmy. Grabó discos, y ganó el premio más importante que se concede a las grabaciones de música, el Grammy. Actuó en teatro, y ganó el premio de teatro más importante que se concede, el Tony.

Es la única actriz que ha ganado estos cuatro premios. Rita Moreno está orgullosa de ser latina.

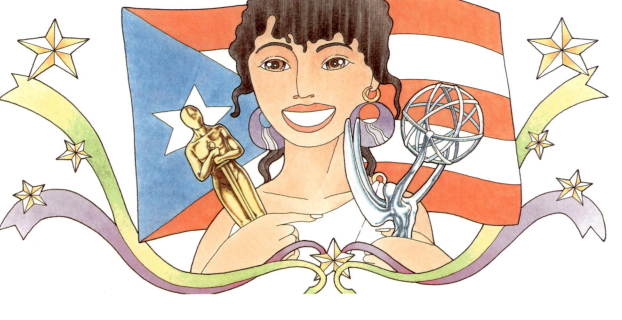

Fernando Botero

Fernando oía llegar a su padre, David Botero.

Los cascos de su caballo, cloc, clac, cloc, clac contra las piedras del suelo, lo despertaban de pequeño.

Don David visitaba a caballo a sus clientes en los pueblos de la sierra.

Vivían en la ciudad de Medellín, en la cima de los Andes colombianos.

Colombia es uno de los países de América del Sur.

La cordillera de los Andes atraviesa todo el continente suramericano.

La capital de Colombia está en los Andes.

Fernando Botero, *Matador.*

Fernando Botero, *Toro.*

Pero su padre murió cuando Fernando tenía cuatro años. Su hermano David tenía ocho y el más pequeño, Rodrigo, acababa de nacer.

Su tío Joaquín se hizo cargo de la familia.

A don Joaquín le gustaba mucho ir a ver corridas de toros. Fernando lo acompañaba con frecuencia. Esas imágenes se quedaron en sus ojos. Sus primeros cuadros, cuando aún era muy joven, son de toros y toreros.

Diego Velázquez,
*Doña Margarita
de Austria.*

Tenía dieciséis años cuando empezó a trabajar como ilustrador para el periódico *El Colombiano.*

Él mismo se consiguió el trabajo presentándole sus dibujos al director. Fernando sabía que podía dibujar bien. Sabía que era un artista y estaba dispuesto a aprender.

Fernando Botero,
Princesa Margarita.

Velázquez es un pintor famoso. Botero ha pintado muchas cosas inspiradas en grandes pintores.

Fernando quería aprender,
pero Medellín no tenía museos,
ni salas de arte.

Y un día se fue a España.
Allí estudió arte en Madrid.
Le gustaban Goya y Velázquez.
Fernando iba todos los días
al museo del Prado.

Y los domingos se iba a ver
corridas de toros, como lo hacía
de pequeño con su tío Joaquín.

El museo del Prado
tiene una de las más
grandes colecciones
de arte del mundo.

Un año después se fue a París. Quería seguir aprendiendo. Conocer a Picasso. Ir al museo del Louvre.

Allí pasó muchas horas mirando a la *Mona Lisa*, una pintura muy famosa del pintor Leonardo da Vinci.

Fernando la pintó como él quería pintarla. Grande, ocupando todo el cuadro. Y ese cuadro fue el principio de su fama. Lo vendió al Museo de Arte Moderno de Nueva York.

Fernando Botero, *Mona Lisa.*

Fernando tenía un sueño: ir a Italia.
Y por fin se fue a vivir a Florencia.
Estudió a los pintores italianos
y recorrió en moto todo el norte de Italia
para ir a ver a sus pintores favoritos.

Fernando Botero
frente a una de
sus esculturas en
los Campos Elíseos.
París, Francia,
1992.

Botero ha vivido en Nueva York y ha visitado muchos lugares del mundo.

Al principio nadie creía que él pintaba bien, pero ahora todo el mundo lo aplaude.

Algo importante de Fernando Botero es que siempre quiso seguir aprendiendo. Ahora es, además de pintor, escultor.

Sus esculturas son tan distintas y hermosas como su pintura.

Evelyn Cisneros

Uno, dos, tres, plié.
Uno, dos, tres, plié.
Uno, dos, tres, plié.

La pequeña bailarina
baila, da vueltas,
baila.

**El ballet tiene
que practicarse
mucho para
hacerse bien.**

Sus pies suben,
apuntan al cielo.
Bajan,
dan la vuelta.

La pequeña bailarina
tiene siete años.
Su mamá va a recogerla.
La clase ha terminado.
Afuera los niños juegan.

Paloma Herrera, *Coppelia*,
Ballet Americano.

El ballet es una
forma de arte
muy admirada
en el mundo
entero.

Evelyn es tímida, pero cuando baila el mundo entero desaparece.

Su maestra, Phyllis Cyr, cree que ella es ya una gran bailarina.

Para ser un buen bailarín hay que hacer ejercicio todos los días.

Sus padres saben
que es importante
que acabe sus estudios
de secundaria.

Evelyn va al colegio
en Huntington Beach,
California.

Todos los días cruza
la inmensa ciudad
de Los Ángeles para
ir a clase de baile.

Son días muy largos
para una niña.

Los Ángeles
es una ciudad
muy grande.
Es una de las
más grandes
del mundo.

Los Ángeles

Su maestra también le abre el mundo de la danza folclórica.

Y ella baila con pasión. Baila flamenco, el baile hermoso y sentido de los gitanos de España.

Flamenco
Carlota Santana.

En el baile flamenco, los pies repiquetean en el suelo y los brazos se mueven como abanicos.

Ser bailarina ocupa toda su vida.

La música,
los ensayos,
el ejercicio.

Y poco después
de acabar la escuela
secundaria, la invitaron
a bailar en el Ballet
de San Francisco.

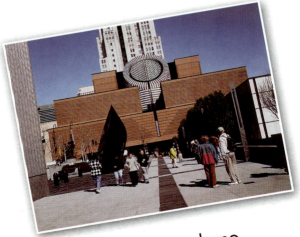

Museo de Arte Moderno,
San Francisco.

San Francisco
es una hermosa
ciudad de
California.
Hay muchos
museos y arte
en ella.

Por fin había llegado el momento
para el que se había estado preparando
todos esos años.

La sala estaba llena de público.
Su corazón palpitaba al ritmo
de la música.

Su salida al escenario fue el
principio de una nueva vida.

**El ballet es
el baile de
una historia.**

**Los bailarines
expresan los
sentimientos de
los personajes
a través de sus
movimientos.**

Evelyn ha conseguido llegar a ser la Primera Bailarina del Ballet de San Francisco.

Éste es un gran honor para ella. Es un honor para todos los latinos.